AF542252

OMPHALE,
TRAGEDIE,

REPRÉSENTÉE
POUR LA PREMIERE FOIS
PAR L'ACADÉMIE ROYALE
DE MUSIQUE,

En 1701. Reprise en 1721. & en 1733.

Remise au Théâtre le 14 Janvier 1752.

PRIX XXX. SOLS.

AUX DEPENS DE L'ACADÉMIE.

A PARIS, Chez la V. DELORMEL & FILS, Imprimeur de ladite Académie, rue du Foin, à l'Image Ste. Geneviéve.

On trouvera des Livres de Paroles à la Salle de l'Opéra.

M. DCC. LII.

AVEC APPROBATION ET PRIVILEGE DU ROY.

Les Paroles sont de Feu M. DE LA *MOTHE*,

La Musique de Feu M. DESTOUCHES.

ACTEURS CHANTANS

Dans les Chœurs.

CÔTE' DU ROI.		CÔTE' DE LA REINE.	
Mesdemoiselles.	*Messieurs.*	*Mesdemoiselles.*	*Messieurs.*
Dun.	Lefebvre.	Rollet.	S. Martin.
Tulou.	Le Page, C.	Daliere.	Gratin.
Delorge.	Dun, fils.	Masson.	Le Mesle.
Larcher.	Gélin.	Chefdevile.	Chaboud.
Cazeau.	Fel.	Gondré.	Levasseur.
LeTourneur.	Rochette.	Hery.	Chapotin.
La Croix.	Le Roy.	Duval. 1re.	Favier.
Sallaville.	Selle.	Adelaïde.	Feret.
Duval. 2e.	Roze.		Du Perrier.
	Robin.		Lombard.

ACTEURS CHANTANS
DU PROLOGUE.

L'AMOUR,	Mlle. Chefdeville.
JUNON,	Mlle. Jacquet.
PREMIERE GRACE,	Mlle. Coupée.
SECONDE GRACE,	Mlle. Le Miere.
LA JALOUSIE, *& sa Suite.*	

PERSONNAGES DANSANS.
GRACES.

Mlle. CARVILLE.

Mlles. Desirée, Bellenot.

JEUX & PLAISIRS.

Mr. LAVAL.

Mr. TESSIER. Mlle. LABATTE.

Mrs. Caiez, Bourgeois, Gallini, Desplaces, c.

Mlles. Puvignée, m. Deschamps, Parquet, Coura.

PROLOGUE.

*L'*A M O U R *paroît dans sa gloire, environné de Graces & de Plaisirs. Les Divinités de la Terre sont assises sur les aîles du Théâtre, & les Divinités du Ciel sont au-dessous, assises sur des Nuages. On voit au fond, l'antre de la Jalousie, où elle est enchaînée avec la Rage & le Desespoir.*

LA PREMIERE GRACE.

VOUS qui suivez l'Amour, Graces, Plaisirs & Jeux
Célébrez avec moi sa puissance & ses charmes ;
Chantez ses traits, chantez ses feux,
Et que vos chants pour lui, soient de nouvelles armes.
Accourez à nos sons,
Venez, belles Jeunesse,

Que nos douces chanſons
Soient le trait qui vous bleſſe,
Le plus fier à nos voix
Devient le plus tendre;
Qui craint les tendres loix,
Ne doit pas nous entendre.

CHŒUR.

Amants qui ſouffrez dans vos chaînes,
Ne regrettez point vos ſoûpirs;
En amour les ſoins & les peines,
Sont le préſage des plaiſirs.

On danſe.

LA SECONDE GRACE.

Faut-il qu'on différe,
D'aimer & de plaire,
Dans les jeunes ans ?
Marchez ſur nos traces,
C'eſt l'âge des Graces
Que votre printemps.

LA PREMIERE GRACE.

La vive Jeuneſſe
N'a pour la tendreſſe
Que quelques inſtants;
Le vent qui s'envole
Des antres d'Eole
Fuit moins que le temps.

LA SECONDE GRACE.

Triomphe Dieu charmant, régne avec les Plaiſirs.
A la douceur d'aimer, joins le bonheur de plaire,
Et ne fais naître de déſirs
Que pour les ſatisfaire.

CHŒUR.

Que ſa gloire à jamais vole au plus haut des Cieux,
Célébrons par nos chants le plus charmant des Dieux.

On danſe.

LA SECONDE GRACE.

Livrez vos cœurs à l'Amour qui vous bleſſe,
Profitez bien de vos tendres loiſirs:
Laiſſez gronder la ſévère vieilleſſe,
Non, belle Jeuneſſe,
Suivez vos deſirs.
Qu'attendons-nous de l'auſtère ſageſſe
Non, notre foibleſſe
Fait tous nos plaiſirs.

On danſe.

On entend une Symphonie.

CHŒUR.

Mais quel éclat frappe nos yeux?
C'eſt l'auguſte Junon qui paroît en ces lieux.

JUNON.

Dieu puiſſant, vange-moi d'un Mortel qui m'outrage;
Son cœur, dès le berceau, triomphe de ma rage;
Ma honte & mon dépit croiſſent par ſes travaux:
Bleſſe Alcide; il eſt tems de vaincre ce Héros.
Mais choiſis ces traits redoutables
Dont tu ſçûs troubler mon repos,
Je te pardonne tous mes maux,
S'il en éprouve de ſemblables.

L'AMOUR.

Il aime; mais c'eſt peu d'avoir ſoûmis ſon cœur,
Je veux que ſes tourmens égalent ta fureur.

JUNON.

Dépit cruel, jalouſe rage,
Allez, allez troubler un cœur qui nous outrage.
Allez, partez, déchaînez-vous,
Allez ſervir notre courroux.

LA JALOUSIE & ſa ſuite, briſent leurs chaînes & s'envolent, pour exécuter les ordres de L'AMOUR.

LA SECONDE GRACE ET LE CHŒUR.

Lancez, lancez vos traits, ſignalez votre gloire,
Jouiſſez à jamais d'un triomphe éclatant;
Enchaînez

Enchaînez tous les cœurs, & marquez chaque instant
Par une nouvelle victoire.

LA SECONDE GRACE

Vole, que ta puissance éclate,
Amour, arme-toi de tes feux;
Qu'envain la gloire te combatte,
Et que les plus grands cœurs soient les plus amoureux.

LA PREMIERE GRACE ET LE CHŒUR.

Lancez, lancez vos traits, signalez votre gloire,
Jouissez à jamais d'un triomphe éclatant;
Enchaînez tous les cœurs, & marquez chaque instant
Par une nouvelle victoire.

FIN DU PROLOGUE.

ACTEURS CHANTANS

De la Tragédie.

ALCIDE,	Mr. de Chaſſé.
OMPHALE, *Reine de Lydie*,	Mlle. Fel.
IPHIS, *Fils du Roi d'Œcalie*,	Mr. Jeliote.
MANTO, *Fille de Tyreſie, ſous le nom d'Argine*,	Mlle. Chevalier.
CEPHISE, } *Confidentes d'Omphale.*	Mlle. Coupée.
DORIS, }	Mlle. Le Miere.
UN LYDIEN,	Mr. Perſon.
UN THEBAIN,	Mr. Cuvillier.
UNE THEBAINE,	Mlle. Le Miere.
UN GREC,	Mr. Poirier.

CHŒURS *de Lydiens & de Lydiennes.*

Héros, Captifs, Magiciens, Prêtres & Prêtreſſes de L'Amour.

La Scéne eſt à Sardis, Capitale de Lydie.

PERSONNAGES DANSANS.

ACTE PREMIER.

LYDIENS & LYDIENNES.

Mrs. LYONNOIS, VESTRIS.

Mlle. LYONNOIS.

Mrs. Desplaces le. Feuillade, Gobert, Hyacinthe, Le Lievre.

Mlles. Ponchon, Brileval, Couppé, Sauvage, Marquise.

ACTE SECOND.

MORES & MORESSES.

Mr DUPRE'.

Mr. LANY, Mlle. PUVIGNE'E.

Mrs. Dupré, Saunier, Le Lievre, Laurent, Hamoche, Beat.

Mlles. Bellenot, Desirée, Courcelles, Daznoncourt, Marquise, Couppé.

ACTE TROISIEME.

GRECS & GRECQUES.

Mlle. VESTRIS.

M^r^. BEAT, Mlle. REIX.

M^rs^. Feuillade, Gobert, Hyacinte, Caiez, Bourgeois, Mlles. Briſeval, Sauvage, Ponchon, S. Germain, Victoire.

ACTE QUATRIEME.

MAGICIENS.

M^rs^. LANY, LYONNOIS, VESTRIS.

M^rs^. Saunier, Deſplace, l. Deſplace, c. le Lievre, Laurent, Hyacinte.

ACTE CINQUIEME.

PRESTRESSES DE L'AMOUR.

Mlle. PUVIGNE'E.

Mlles. S. Germain, Courcelles, Deſirée, Bellenot, Marquiſe, Couppé, Ponchon, Victoire, Briſeval, Daznoncourt.

OMPHALE,
TRAGÉDIE.

ACTE PREMIER.

Le Theâtre repréſente des Arcs de Triomphe, élevés à la gloire d'ALCIDE, devant le Temple de JUPITER.

SCENE PREMIERE.

IPHIS.

CAlme heureux, agréable Paix,
C'eſt envain que je vous rappelle;
Calme heureux, agréable Paix,
Non, ce n'eſt plus pour moi que vos plaiſirs ſont faits.

Languiſſant ſous le poids d'une chaîne cruelle,
Je ne me plains qu'à moi de mes tourments ſecrets;
Mais, malgré ma contrainte & ma douleur mortelle,
Mon amour prend ſans ceſſe une force nouvelle,
Il ſe nourrit de mes regrets.

Calme heureux, agréable Paix,
C'eſt envain que je vous rappelle;
Calme heureux, agréable Paix,
Non, ce n'eſt plus pour moi que vos plaiſirs ſont faits.

On entend un bruit de Trompettes.

D'Alcide on va chanter la nouvelle victoire,
Ce bruit, de ſon triomphe eſt l'éclatant ſignal.
Tout retentit, tout parle de ſa gloire,
Tandis que pour la Reine épris d'un feu fatal,
Je perds le ſoin de ma mémoire;
Lâche! L'ai-je ſuivi pour l'imiter ſi mal?

SCENE II.

ALCIDE, & sa suite, IPHIS.

ALCIDE à sa Suite.

LEs Rebelles soûmis gémissent dans les fers ;
Mais c'est assez des maux qu'ils ont soufferts,
Rassemblez-les pour voir briser leur chaîne.

Vous, allez ; que vos soins répondent à mes vœux,
Que ceux qui m'ont suivi se préparent aux Jeux
Que je dois offrir à la Reine.

SCENE III.

ALCIDE, IPHIS.

ALCIDE.

QUe servent les honneurs qu'on rend à mes exploits ;
Malheureux ! Tout mon cœur s'ouvre au trait qui le blesse,
Mille cruels transports m'agitent à la fois.
O barbare Ennemie ! Implacable Déesse,

Junon, tu t'applaudis du trouble où tu me vois.

IPHIS.

Au ſein de la victoire
Votre cœur laiſſe encor échapper des ſoûpirs;
Vous ne ſçauriez déſirer plus de gloire,
Quel autre bien fait naître vos déſirs ?

ALCIDE.

Apprens, cher Prince, apprens ma foibleſſe ſecrette,
On vante mon triomphe, & je ſens ma défaite.

IPHIS.

Quoi, Seigneur ?

ALCIDE.

J'ai ſervi la Reine de ces lieux;
J'ai puni les Mutins qui troubloient ſon Empire:
J'ai ſauvé par la mort d'un Monſtre furieux,
Tout ce que ſa fureur étoit prête à détruire.
Que ſervent à mon cœur ces exploits glorieux?
Il ſe trouble, il languit, tu l'entens qui ſoûpire;
L'Amour a bien ſervi la colere des Dieux.

IPHIS.

Vous aimez ? Eh ! Quelle eſt la Beauté qui vous bleſſe ?

ALCIDE.

ALCIDE.

La Reine.....

IPHIS.

O Ciel !

ARGINE.

La Reine a ſurpris ma tendreſſe.
Dès le premier moment que je vis ſes attraits,
Je ſentis que mon cœur les aimeroit ſans ceſſe ;
Je tâchai vainement d'en repouſſer les traits.

IPHIS.

Ah ! Vous aimez votre foibleſſe

Si vous défendiez votre cœur,
L'Amour ne s'en rendroit pas maître;
Et vous en feriez le vainqueur,
Si vous ne craignez pas de l'être.

Mais, redoutez du moins le dépit furieux
De la fille de Tireſie ;
Elle tient à ſes loix la Nature aſſervie,
Ses charmes font pâlir la lumiere des Cieux.
Vous n'avez pû l'aimer ; ſon art, ſa jalouſie
Peuvent en un inſtant la conduire en ces lieux:
Prévenez ſes fureurs....mais, rien ne vous allarme,
Et vous n'écoûtez plus qu'un amour qui vous charme.

ALCIDE.

L'Amour eſt ſur de la victoire,
C'eſt envain qu'un grand cœur réſiſte à ſes attraits,
Les vains murmures de la gloire
Donnent encor plus de force à ſes traits.

IPHIS.

Omphale vient, le Peuple avec elle s'avance,
C'eſt à vous ſeul qu'il doit ſa délivrance.
Voyez tous ces Drapeaux ornés de vos exploits.

ALCIDE.

Omphale, cher Iphis, eſt tout ce que je vois.

SCENE IV.

ALCIDE, OMPHALE, IPHIS,
Troupe de LYDIENS *portant des Drapeaux, où ſont repréſentés les travaux d'*ALCIDE.

ALCIDE.

BElle Reine, votre préſence
Payoit tous mes travaux d'un aſſez grand bonheur.
Falloit-il à ce bien, ajoûter tant d'honneur?

OMPHALE.

Vous avez en ces lieux rétabli ma puissance,
Un Monstre sur mon peuple exerçoit sa fureur,
Votre bras redoutable en a pris la vengeance ;
Je vous demande encor pour derniere faveur,
De souffrir ma reconnoissance.

Chantez le digne Fils du plus puissant des Dieux;
Chantez, portez vos voix & son nom jusqu'aux cieux.

CHŒUR.

Chantons le digne Fils du plus puissant des Dieux;
Chantons, portons nos voix & son nom jusqu'aux cieux.

On danse.

UN LYDIEN.

Il ne veut sur ses pas enchaîner la victoire,
Que pour le repos des mortels.

OMPHALE, UN LYDIEN, ET LE CHŒUR.

Chaque instant redouble sa gloire,
Il est digne de nos autels.

On danse.

CHŒUR.

Que la trompette éclate & que l'écho réponde:

Ce jour eſt la fête du monde.
Par nos charmants concerts animons les plaiſirs,
Le Ciel a rempli nos déſirs.

ALCIDE, à OMPHALE.

Ceſſez ces vains honneurs que vous me faites rendre.
Je n'entends point ces chants, je ne vois point ces jeux;
Mes ſoûpirs, malgré moi, vous font aſſez entendre.
Qu'un autre prix eſt l'objet de mes vœux.

OMPHALE.

Songeons à terminer cette fête éclatante;
Sur les autels des Dieux, auteurs de nos deſtins,
Allons tous conſacrer les armes des mutins,
Et du Monſtre vaincu la dépoüille ſanglante.

Les LYDIENS entrent avec ALCIDE & OMPHALE, dans le Temple de JUPITER, en diſant,

Chantons le digne Fils du plus puiſſant des Dieux;
Chantons, portons nos voix & ſon nom juſqu'aux cieux.

FIN DU PREMIER ACTE.

ACTE SECOND.

Le Théâtre représente le Palais D'OMPHALE.

SCENE PREMIERE.

OMPHALE, CEPHISE, DORIS.

CÉPHISE.

ALCIDE vous a fait l'aveu de son ardeur,
Rien ne manque à votre victoire :
Qu'il doit vous être doux de régner dans un cœur
Qui n'a rien aimé que la gloire.

DORIS.

Répondez à l'ardeur dont son cœur est épris,
Qu'il partage votre couronne ;
Les chaînes de l'Hymen doivent être le prix
De celles que l'Amour lui donne.

CEPHISE & DORIS.

Joüiſſez du bonheur de l'avoir enflâmé.

OMPHALE.

Le plus grand de mes maux eſt de l'avoir charmé.

CEPHISE & DORIS.

Que dites vous? Pourquoi vous en faire un ſupplice?

OMPHALE.

Que de raiſons pour m'allarmer !
Je lui dois tout, il m'aime, & je ne puis l'aimer.
J'éprouve de l'Amour le plus cruel caprice.

CEPHISE & DORIS.

Eh! Quel autre mortel a ſçû plaire à vos yeux?

OMPHALE.

De tous les Héros qu'en ces lieux
Attira la fureur d'un Monſtre redoutable,
Vous ſçavez trop qu'Alcide eſt le plus glorieux;
Sçavez-vous moins quel eſt le plus aimable?

CEPHISE.

Eſt-ce Iphis que vous aimeriez?

OMPHALE.

En pénétrant mon choix vous le juſtifiez.

Il fut de ma fierté l'écueil inévitable,
Mon cœur trop affoibli ſe laiſſa déſarmer,
Et ſans prévoir qu'Alcide dût m'aimer,
Je ſentis ſeulement qu'Iphis étoit aimable.

Iphis ignore encor l'ardeur qu'il a fait naître ;
Mais c'eſt lui que je vois paraître ,
Avant qu'il ſçache mon ardeur
Pénétrons, s'il ſe peut , le ſecret de ſon cœur.

SCENE II.

OMPHALE, IPHIS.

IPHIS.

JOuiſſez de votre conquête ,
Vous allez recevoir l'hommage le plus doux ,
Belle Reine, je viens vous annoncer la fête
Qu'Alcide prépare pour vous.
De vos divins attraits il reconnoît l'empire ;
Lui-même il me convie à ſervir ſon ardeur.

OMPHALE.

Iphis, c'eſt en vain qu'il ſoûpire ;
Un autre a prevenu ce Heros dans mon cœur.

IPHIS.

Ciel! Quel funeſte aveu venez-vous de me faire!
Et quel eſt cet amant que votre cœur préfere !
Alcide ſeul devroit vous enflâmmer.

OMPHALE.

N'en eſt-il point, Iphis, qui ſçache mieux aimer ?

IPHIS.

Il n'en eſt pas du moins de plus digne de plaire.

OMPHALE.

Celui qui m'a ſoumiſe au pouvoir des Amours,
Meritoit le mieux cette gloire ;
Mes yeux me le diſent toûjours,
Et mon cœur ſe plaît à les croire.

IPHIS.

Dieux ! Quels ſont mes tourments !

OMPHALE.

D'où naiſſent vos ſoûpirs ?

IPHIS.

à part à OMPHALE.

Quel trouble.... d'un Ami, je plains les déplaiſirs.
Aimez un Heros qui vous aime,
Sa vertu, ſa gloire eſt extrême ;
Briſez vos premiers fers pour ce nouveau vainqueur
Quand, malgré moi, vos yeux auroient ſéduit mon cœur,
Je trahirois mon amour même
Pour votre gloire & ſon bonheur.

OMPHALE.

J'ai tout tenté pour me défendre,
Lorſque l'Amour a voulu m'enchaîner;

Mais

Maïs mon cœur à la fin fut forcé de ſe rendre,
Et je ferois envain pour le reprendre,
Les efforts que je fis, pour ne le pas donner.

IPHIS.

Tout vous dit de changer quand Alcide vous aime.

OMPHALE.

Si vous aimiez, Iphis, changeriez-vous de même?

IPHIS.

Je ferois pour ma gloire un généreux effort.

OMPHALE.

Mon cœur eſt plus tendre & moins fort.

Vous vous troublez, d'où naît cette douleur mortelle?

IPHIS.

Ah! C'eſt trop m'accabler, cruelle,
Vous voyez, malgré-moi, mon crime & mon tourment;
Mon cœur éprouve en ce moment
La douleur d'un Ami fidele,
Et l'affreux déſeſpoir d'un malheureux Amant.

OMPHALE.

Que dites-vous, Iphis?

IPHIS.

Ce que je ne puis taire.
Je vous fais un aveu que je vais expier,

Et si je vous apprends un amour témeraire,
Ma mort vous aidera bien-tôt à l'oublier.

Ah ! J'entens mon Arrêt dans ce profond silence :
Il faut ceder à mon malheur.
Mon cœur : en vous aimant, vous a fait une offence;
Mais vous avez dans ma douleur
Le garant de votre vengeance.

OMPHALE.

Arrêtez. . . . mais, ô Ciel ! J'apperçois son Rival...
Quelle contrainte, hélas ! Quel spectacle fatal !

SCENE III.

ALCIDE, OMPHALE.

Les Rebelles enchaînez, conduits par des Héros de diverses Nations qui ont servi ALCIDE.

ALCIDE.

JE remets ces Mutins sous vos loix souveraines,
Leur repentir vous répond de leur foi.

OMPHALE.

Je veux tout oublier : qu'on leur ôte ces chaînes.

ALCIDE.

Ne pourrai-je à mon tour vous attendrir pour moi?

Mes transports, mes soûpirs seront mes seules armes ;
Je veux par mille soins vous prouver mes ardeurs.
Recevez dans ces Jeux, un essai des honneurs
Que je prétends rendre à vos charmes.
Jamais on n'a senti des ardeurs si parfaites ;
Faites-en par vos chants retentir ce séjour :
L'objet qui m'a charmé regne aux lieux où vous êtes,
Les Plaisirs & les Jeux doivent former sa cour.
Célébrez à l'envie dans ces belles retraites,
Les plus brillants attraits, & le plus tendre amour.
Joignez tous vos voix,
Chantez votre Reine,
L'Amour sous ses loix
Pour jamais m'enchaîne.
Ses yeux à l'Amour ont prêté des armes,
Chantez tour à tour
L'excès de ses charmes,
Et de mon amour.

On danse.

UN THEBAIN & UNE THEBAINE à OMPHALE.

Suivez l'Amour, quand ce Dieu vous appelle ;
N'écoûtez plus la fierté :
Non ; votre liberté
N'est pas du prix d'une chaîne si belle.

CHŒUR. Suivez, &c.

ALCIDE, aux Rebelles.

Chantez mille fois
L'amour qui m'enchaîne,
Célébrez mon choix.
Chantez mille fois
Votre aimable Reine;
Benissez ses loix.
Imitez l'ardeur si fidele
Qui brûle mon cœur;
Imitez l'ardeur & le zele
De votre vainqueur.

On danse.

LE THEBAIN & LA THEBAINE, à OMPHALE.

C'est l'Amour qui vous presse,
Cherissez ses traits:
Sans ce Dieu, la Jeunesse
Perdroit ses attraits;
Les Plaisirs sur ses pas
Volent sans cesse;
Et qui fuit tant d'appas,
Ne les mérite pas.

LE CHŒUR.

C'est l'Amour qui vous presse,
Cherissez ses traits:

Sans ce Dieu, la Jeuneſſe
Perdroit ſes attraits :
Les Plaiſirs ſur ſes pas
Volent ſans ceſſe ;
Et qui fuit tant d'appas,
Ne les mérite pas.

On danſe.

La Fête eſt troublée par les Demons : Ils volent de tous côtés avec des feux, & briſent tous les ornemens du Palais.

LE CHŒUR.

Quel trouble ! Quelle horreur ſoudaine !
Quel Dieu s'offence de nos jeux ?
L'Enfer contre nous ſe déchaîne,
Il vomit ici tous ſes feux.

ARGINE paroît ſur un Dragon.

SCENE IV.

ALCIDE, ARGINE.

ALCIDE.

QUe vois-je ! C'eſt Argine, ô Dieux !
Que je crains ſa jalouſe rage !

ARGINE.

Alcide, par l'horreur qui m'annonce en ces lieux,
Comprends ce que je puis pour vanger mon outrage.

Quoi? Pour moi la Phrygie aura vû tes mépris?
Envain j'aurai brûlé d'une ardeur ſans égale?
C'eſt donc peu que ta fuite en ait été le prix,
Dois-je trouver encor une heureuſe Rivale!
Mais, ta flâme eſt pour elle un inutile bien;
Je romprai tous les nœuds que l'Amour vous deſtine,
Je percerai plûtôt & ſon cœur & le tien,
Et Junon eſt pour toi moins à craindre qu'Argine.

ALCIDE.

Pourquoi dans ce ſéjour répandre tant d'horreur!
La crainte eſt-elle ma foibleſſe?
Tout l'Enfer en courroux ne pourroit ſur mon cœur
Ce que n'a pû votre tendreſſe.

Je voulois de l'Amour fuir à jamais la loi;
Mais les Dieux ennemis m'y rangent malgré-moi.
Et Junon a choiſi le trait dont il me bleſſe.

ARGINE.

Va, ne fais point aux Dieux des reproches ſi vains,
Ils ne t'embrâſent point d'une ardeur invincible,
Ingrat, c'eſt dans ton cœur, trop foible & trop ſenſible,
Qu'il faut chercher ces Dieux dont tu te plains.
Ah! Si l'Amour devoit toucher ton ame,
Que ne partageois-tu la flâme
Dont mon cœur étoit embrâſé.

Tu croyois que l'amour étoit une foiblesse ;
Mais du moins mes soûpirs, mes larmes, ma tendresse,
Ne t'auroient que trop excusé.

ALCIDE.

Les Amours par vos mains m'offroient de douces chaînes,
Les Plaisirs m'appelloient sous votre aimable loi ;
Mais le Sort me condamne à d'éternelles peines,
Les jours heureux ne sont pas faits pour moi.
Un funeste feu me dévore,
Malgré moi même, Omphale...

ARGINE.

Inutiles discours.
Que ne dis-tu, cruel, sans tous ces vains détours,
Que ton cœur me hait, & l'adore.
C'en est trop, & je veux te haïr à mon tour.
Cédons au transport qui m'entraîne...
Mais, hélas ! ce transport est un transport d'amour ;
C'est envain qu'à tes yeux j'appellerois la haîne ;
Faut-il que notre cœur ne nous puisse obéir ?
Ne sçaurois-tu m'aimer ? Ne puis je te haïr ?

ALCIDE & ARGINE.

Amour ! Quelle furie empoisonne tes flâmes,
Et quel Démon forge tes traits ?
Dieu barbare, tu ne te plais
Qu'à porter avec toi le trouble dans nos ames.

ALCIDE.

Non, malgré mes efforts, non, malgré mes regrets,
Je ne puis m'arracher à son cruel empire.

ARGINE.

Il me fuit, & pour lui mon lâche cœur soûpire.

SCENE V.

ARGINE.

O Rage ! O désespoir ! O barbare fureur !
Venez vanger l'Amour qui gémit dans mon cœur.

On fait servir mes feux au triomphe d'un autre,
Eteignez mon ardeur, allumez mon courroux,
Armez mon bras, & conduisez mes coups:
Sur la rigueur d'Alcide il faut régler la vôtre.

O rage ! O désespoir ! O barbare fureur !
Venez vanger l'Amour qui gémit dans mon cœur.

Mais Alcide se plaint de la fierté d'Omphale,
Le haït-elle ?.. je veux pénétrer dans son cœur,
Et si je reconnois qu'Alcide est son vainqueur,
Frappons, n'épargnons point une heureuse Rivale.
O rage ! *&c.*

FIN DU SECOND ACTE.

ACTE

ACTE TROISIÉME.

*Le Théâtre représente les Jardins d'*OMPHALE.

SCENE PREMIERE.

OMPHALE.

Igne Objet d'une flâme éternelle,
Viens suspendre mes maux, viens calmer mes douleurs,
C'est ma voix qui t'appelle;
En t'offrant à mes yeux, viens-en tarir les pleurs
Hélas! ô contrainte cruelle!
J'ai caché mes soupirs aux yeux de mon vainqueur;
Hélas! Que n'a-t'il vû mon cœur!

SCENE II.

OMPHALE, ARGINE.

ARGINE.

C'Eſt elle ; ſuſpendons le courroux qui m'enflamme :
Sçachons le ſecret de ſon ame.

OMPHALE, ſans voir ARGINE.

Je n'ai pû, cher Amant, te découvrir mes feux;
Ton péril m'a fait violence;
L'aveu de mon amour alloit combler tes vœux,
Un ſpectacle fatal m'a contrainte au ſilence.
Pardonne-moi l'erreur qui nous rend malheureux,
De ton deſtin je craignois de t'inſtruire;
Mon aveu t'expoſoit à des maux rigoureux,
Je t'aimois trop pour te le dire.

Mais je dois voir les Jeux que mon Peuple m'apprête;
Heureuſe ſi l'Amour y conduit mon Héros:
Hais, hélas! Qu'elle triſte fête!
Si je n'y puis finir ſon erreur & mes maux.

SCENE III.

ARGINE.

NOn, je n'en doute plus, c'eſt Alcide qu'elle
aime,
Elle me l'apprend elle-même ;
Au moment que mon art a fait ceſſer leurs Jeux ;
Elle alloit déclarer ſes feux.
Pour l'Ingrat qui me fuit, ſon amour l'intimide,
Elle aime, elle eſt aimée, ô Ciel, quel déſeſpoir !
Qu'elle meure ; il eſt tems que mon courroux décide,
Elle ne verra plus Alcide :
Que ne périſſoit-elle avant que de le voir !

On entend une Symphonie.

Démons, volez à ma vengeance ;
Contre Alcide, mon art a trop peu de puiſſance,
Que j'immole du moins Omphale à mon tranſport.

On vient, on va chanter le jour de ſa naiſſance ;
Que ce ſoit celui de ſa mort.

Trompez ſes yeux, ſervez la fureur qui m'anime,
Enchantez-la pour être ma victime.

SCENE IV.

OMPHALE CEPHISE,

TROUPE de Grecs & de Grecques choisis pour chanter la naissance d'OMPHALE. Elle se place sur un Trône de fleurs pour voir la Fête.

CEPHISE.

CElébrez le jour mémorable
Où le destin d'Omphale a commencé son cours;
C'est de ce moment favorable
Que dépendoient vos plus beaux jours.

CHŒUR.

Célébrons le jour mémorable
Où le destin d'Omphale a commencé son cours;
C'est de ce moment favorable
Que dépendoient nos plus beaux jours.

CEPHISE.

Vos plaisirs sont nez avec elle
Unissez vos cœurs & vos voix.
Que vos Jeux, que vos chants signalent votre zèle.
Puissiez-vous aux regards d'une Reine si belle,
Les offrir encor mille fois.

CHŒUR.

Ah ! Qu'il eſt doux de vivre ſous ſes loix !

On danſe.

CEPHISE.

Dans un ſi beau jour tout doit s'enflâmer,
Le tems heureux des Jeux eſt le tems d'aimer.
Le plus fier doit être
Senſible à ſon tour ;
L'Amour nous fait naître,
Vivons pour l'Amour.
Dans un ſi beau jour, tout doit s'enflâmer,
Le tems heureux des Jeux eſt le tems d'aimer.

Que l'Amour nous lie
De ſes plus beaux nœuds,
De quoi ſert la vie
Sans ſes tendres feux ;
Sans eux tout ennuye,
Tout plaît avec eux.

Dans un ſi beau jour tout doit s'enflâmer,
Le tems heureux des Jeux eſt le tems d'aimer.

On danſe.

UN GREC.

Paroiſſez jeunes Zéphirs,
Excitez, animez Flore.

CHŒUR.

Paroiſſez jeunes Zéphirs,
Excitez, animez Flore.

LE GREC.

Que l'ardeur de vos ſoupirs,
Hâte ſes préſens d'éclore.

CHŒUR.

Que l'ardeur de vos ſoupirs,
Hâte ſes préſens d'éclore.

LE GREC.

Qu'on les doive à vos plaiſirs,
Plûtôt qu'aux pleurs de l'Aurore.

CHŒUR.

Qu'on les doive à vos plaiſirs,
Plûtôt qu'aux pleurs de l'Aurore.

LE GREC.

Que Venus ſur ce rivage
Fixe ſa brillante Cour.

CHŒUR.

Que Venus ſur ce rivage,
Fixe ſa brillante Cour.

LE GREC.

Qu'on entende nuit & jour,

Des oiseaux le doux ramage,
Des amants le tendre hommage,
Et l'éloge de l'Amour.

CHŒUR.

Qu'on entende nuit & jour,
Des oiseaux le doux ramage,
Des amants le tendre hommage,
Et l'éloge de l'Amour.

On danse.

OMPHALE.

C'est assez, votre zéle a brillé dans ces Jeux;
Mais j'ai besoin d'un peu de solitude.
Le Ciel seconde mal vos vœux;
Laissez-moi m'occuper de mon inquiétude.

CEPHISE & le Peuple se retirent : des Démons sortent des Enfers, & enchantent OMPHALE *sur le Trône de fleurs où elle est assise.*

SCENE V.

OMPHALE enchantée, ARGINE.

ARGINE, le poignard à la main.

SA mort va me vanger du pouvoir de ses yeux,
Je vais jouir enfin de la douceur extrême.

De verſer ce ſang odieux,
Qui brûle pour l'Ingrat que j'aime.

Frappons, rien ne peut plus retenir mon courroux:
Quel plaiſir!... Mais hélas! Mon amour l'empoiſonne,
J'envie en la frappant la mort que je lui donne:
Que ne puis-je être aimée, & mourir ſous ſes coups?

Mais, on me mépriſe, on l'adore;
Quelle rage pour moi! Je frémis d'y penſer.
Ne tardons plus, frappons; que ne peut elle encore
Offrir à ma fureur plus de ſang à verſer.

SCENE VI.

ARGINE, OMPHALE, ALCIDE.

ALCIDE en arrachant le poignard des mains d'ARGINE.

Ciel! Que vois-je!

ARGINE.

Ah! Cruel, c'eſt toi qui me deſarmes.
Tu m'arrrache ce fer vengeur.

Acheve

Acheve, qu'il te ſerve à venger tes allarmes.
Puiſqu'il eſt dans tes mains, plonge le dans mon cœur.

ALCIDE.

O Dieux! En vous cherchant que j'ai craint pour ſa vie!
Cruelle, quelle barbarie!
C'eſt contre moi qu'il faut armer votre courroux,
Que cent Montres affreux évoquez par vos charmes,
Contre mes jours ſe réuniſſent tous;
Je verrai ſans effroy tous les Enfers en armes,
Et je les combattrai ſans me plaindre de vous;
Mais reſpectez l'objet qui m'a ſçû plaire,
Epuiſez ſur moi vos rigueurs.

ARGINE.

Eſt-ce en me faiſant voir combien elle t'eſt chere,
Que tu prétends déſarmer mes fureurs?
Il faudroit la haïr, pour calmer ma colere:
Mais, barbare! L'Amour te fait une autre loi.
Ma Rivale t'inſpire une ardeur trop fidelle;
Je ne puis t'inſpirer que l'horreur & l'effroy.
Va, tu m'a trop appris à devenir cruelle:
Vengeons-nous, vengeons-nous de ta haine pour moi,

Et de ta tendreſſe pour elle.

ALCIDE.

Quelle eſt l'erreur où je vous vois ?
Non, je ne vous hais point.

ARGINE.

Que fais-tu donc ? Tu l'aimes ?

ALCIDE.

L'Amour ſoûmet nos cœurs, malgré nous-mêmes.

ARGINE.

Le tien brûle pour ſes appas,
Barbare, eh c'eſt ce qui m'outrage ;
Quand tu me haïroit mille fois davantage,
Mon ſort ſeroit trop doux, ſi tu ne l'aimois pas.
Mais, tu fais gloire, ingrat, de l'Amour qui t'engage :
Voilà mon déſeſpoir, ton crime & ſon arrêt.

*Elle veut reprendre le poignard des mains d'*ALCIDE.

Donne, donne ce fer ; que l'objet qui te plaît
Expirant à mes yeux....

ALCIDE.

Ciel ! Quelle eſt votre rage !

ARGINE.

Tu frémis, c'eſt l'Amour qui t'apprend à trembler.
Hé bien, cruel, c'eſt moi que tu dois immoler.
Tant que ce cœur vivra, crains qu'elle ne périſſe:
Frappe, préviens par mon ſupplice
Une main prête à l'accabler;
Frappe, que la mort me déſarme,
Offre mon cœur ſanglant à l'objet qui te charme;
Eteins, pour la ſauver, ma flâme & mon courroux:
Frappe, le coup me ſera doux,
S'il te coûte une larme.

ALCIDE.

Calmez cet affreux déſeſpoir,
Vivez, vivez, Argine, & laiſſez vivre Omphale.

ARGINE.

C'eſt donc trop peu pour toi d'adorer ma Rivale,
Tu veux me condamner à l'horreur de le voir.
Non, c'eſt trop la laiſſer triompher de mes charmes,
Enlevez-la, Démons, & vengez mes allarmes.
Annoncez-lui la mort, pour prix de ſon ardeur.

On enleve OMPHALE.

ALCIDE.

Ah! Tant de barbarie irrite mon courage.

ALCIDE & ARGINE.

Je sens triompher dans mon cœur
Le dépit, la haine & la rage;
Tremblez, dans un cœur qu'on outrage,
L'Amour au désespoir fait naître la fureur.

ARGINE.

Mes yeux vont, malgré toi, jouir de son supplice.

ALCIDE.

Je ne vous quitte point. S'il faut qu'elle périsse,
Vous voyez son Amant, vous verrez son vangeur.

ALCIDE & ARGINE.

Je sens triompher dans mon cœur
Le dépit, la haine & la rage;
Tremblez, dans un cœur qu'on outrage,
L'Amour au désespoir fait naître la fureur.

FIN DU TROISIÉME ACTE.

ACTE QUATRIEME.

Le Théâtre représente une Solitude.

SCENE PREMIERE.

IPHIS.

Uoi ! Je vis, malheureux ! Eh ! Qu'eſt-ce que j'eſpere ?
Un autre a ſçû charmer l'objet qui m'a ſçû plaire.
Pourquoi traîner ici de miſérables jours ?
Ce fer devoit éteindre une ardeur téméraire ;
Faut-il que ma douleur me ſoit encor ſi chere,
Que je n'oſe, en mourant, en terminer le cours !

Que nos jours ſont dignes d'envie
Quand l'Amour répond à nos vœux !
L'Amour même le moins heureux
Nous attache encore à la vie.

SCENE II.

IPHIS, ALCIDE.

IPHIS.

QUe vois-je ! Où courez-vous, Alcide ?

ALCIDE.

Tu vois un malheureux que le désespoir guide.
La Reine en ce moment fatal,
Aux yeux d'Argine prête à terminer sa vie,
Vient de me déclarer le bonheur d'un Rival ;
Ce mot, d'Argine a calmé la furie.
Mais en des maux affreux il vient de me plonger,
Et mon amour a fait place à la rage.

IPHIS.

Ah ! Nommez le mortel dont l'ardeur vous outrage,
Et laissez-moi l'honneur de vous vanger.

ALCIDE.

Tout trompe cher Iphis ma fureur & ton zèle
Contre un Rival caché que sert tout ce courroux,
Je m'en informe envain, rien ne me le revéle,
Et j'ignore où porter mes coups.

Mais, je sçaurai percer la nuit obscure
Qui le dérobe à mon ressentiment;
Et je veux voir couler, pour laver mon injure
Et les pleurs de l'Amante, & le sang de l'Amant.

SCENE III.

ALCIDE, ARGINE.

ARGINE.

SUr tes pas mon amour m'ameine,
T'offrirai-je toûjours une tendresse vaine,
Tu viens de voir le fruit d'un odieux amour;
Omphale.....

ALCIDE.

Vous sçavez sa haîne,
Je la hais moi-même à mon tour,
La colere succéde à ma tendresse extrême,
Secondez mes sanglants projets;
Vous pouvez par votre art découvrir ce qu'elle aime.

ARGINE.

C'est donc ainsi, cruel, que tu la hais,
Ah! Que ne me hais-tu de même!

ALCIDE.

Vous prenez ma fureur pour un amour jaloux,
Non, non, la gloire ſeule anime mon courroux.
Je veux vanger ici l'injure qu'on m'a faite,
Il faut que mon Rival y meure ſous mes coups.

ARGINE.

C'eſt Omphale, & non pas ton Rival qui t'arrête.

ALCIDE.

Nommez-le, je me vange, & je pars avec vous,
Hâtez-vous de répondre à mon impatience,
Je ſens à chaque inſtant mon courroux s'allumer.

ARGINE.

Va, ne prens point d'autre vangeance
Que de partir & de m'aimer.

ALCIDE.

Non, ſi je vous ſuis cher, contentez mon envie.

ARGINE.

Eſt-ce à moi de ſervir ton amoureux tranſport ?

ALCIDE.

A la ſeule fureur mon ame eſt aſſervie,
Conſultez le Deſtin, faites-vous cet effort;
Que mon Rival perde la vie,
Mon cœur eſt libre après ſa mort.

ARGINE.

Sera-t'il libre, helas ! Quand Omphale éplorée. . .

ALCIDE.

Ah ! Puiſſe-t'elle auſſi mourir déſeſpérée !

ARGINE.

Je céde ; c'eſt pour moi que je fais cet effort.
J'apprendrai mon deſtin, en apprenant ton ſort.

SCENE IV.

ARGINE, ALCIDE,
Troupe de MAGICIENS.

ARGINE.

Que le jour pâliſſant, faſſe place aux ténébres:
Et vous qui ſous mes loix commandez aux Enfers,
Hâtez-vous, traverſez les airs,
Et venez célébrer nos myſteres funébres.

CHŒUR DE MAGICIENS.

Nous obéiſſons à ta voix.
Ordonne : nous ſuivrons tes Loix.

ARGINE.

Que tout ſerve en ces lieux le tranſport qui m'inſpire,

Qu'on éléve un Autel au Dieu du noir Empire:
Et vous, rendez Pluton propice à mes efforts.
Que vos clameurs touchent les morts,
Que la terre ouvre ses abîmes;
Qu'ils laissent parvenir jusques aux sombres bords,
Les cris & le sang des Victimes.

LE CHŒUR.

Que nos clameurs, *&c.*

On danse.

ARGINE.

Pluton répond à nos souhaits,
Un mouvement secret m'en apprend le succès.

On danse.

ARGINE.

Quel transport saisit mes esprits!
Où suis-je! je frémis.... Que vois-je! je m'égare:
D'une soudaine horreur tous mes sens sont surpris,
Je vois l'effroyable Tenare;
Je vois sur les bords soûterains
L'Ombre de Tiresie errante.
Arrête... Elle m'entend, & d'une main tremblante,
Elle offre à mes regards le Livre des Destins.
Qu'y vois-je, Malheureuse! ô désespoir funeste!
L'Ingrat cent fois charmé n'évite que mes fers.
Que la Foudre s'allume, & m'abîme aux Enfers!

Otez-moi, Dieux cruels, le jour que je déteste.

Tremble toi-même, Ingrat, frémis, va dès ce jour
Voir ton Rival heureux au Temple de l'Amour.
Va, que le désespoir, la fureur & la rage
S'unissent contre toi, pour vanger mon outrage.

Tout fuit, tout disparoît! Quel cahos! Quelle horreur!

Soûtenez-moi. Je meurs d'amour & de douleur.

SCENE V.

ALCIDE.

QU'ai-je entendu, grands Dieux! Quel funeste présage!
C'est donc le prix fatal que me gardoit l'Amour?
La Reine & son Amant malgré toute ma rage
Doivent être unis dès ce jour!

Pour leur bonheur tout se prépare,
Les flambeaux de l'Hymen sont prêts!
Non, Sort cruel, Destin barbare,
Je vais en me vengeant, démentir tes Arrêts.

Monstre que j'ai dompté, renais, sors de ta cendre;
Ramene dans ces lieux le carnage & l'horreur,
Embrâse de tes feux l'Objet de ma fureur,

Et couvre-toi du ſang que je cherche à répandre.

Toi, mon Pere, fini le trouble où je me voi;
Que mon Rival frappé, tombe réduit en poudre.
Qu'il meure accablé de ta foudre;
Ou par pitié, fais-là tomber ſur moi.

O Dieux! Que je me fais une image cruelle
Du triomphe prochain de ces heureux Amants!
Tous deux volent au Temple où l'Hymen les appelle,
Je vois tous leurs tranſports, j'entens tous leurs ſermens;
Que leurs ames ſont attendries!
Le flambeau de l'Amour brille devant leurs pas;
Tandis que celui des Furies
Porte au fond de mon cœur la rage & le trépas.

Ah! Périſſe avec moi l'Ingrate & ce qu'elle aime,
Allons à leur hymen oppoſer mon tranſport:
Que l'Autel renverſé, le Dieu briſé lui-même,
Que le Temple détruit dans ma fureur extrême,
Nous uniſſe-tous par la mort.

FIN DU QUATRIE'ME ACTE.

ACTE CINQUIEME.

Le Theâtre représente le Temple de l'Amour

SCENE PREMIERE.

OMPHALE.

AMour, à mon Amant va révéler ma flâme.
Vole, viens régner dans son ame,
Si tu veux me donner le prix
De mes soûpirs & de mes larmes:
Au Heros que je crains, cache mes foibles charmes,
Redouble-les aux yeux d'Iphis.

Amour, à mon Amant, va révéler ma flâme,
Vole, viens regner dans son ame.

Mais on vient; à l'Amour j'ai préparé ces jeux,
Et je lui vais offrir mon hommage & mes vœux.

SCENE II.

OMPHALE, Prêtres & PRESTRESSES DE L'AMOUR.

OMPHALE ET LE CHŒUR.

CHantez l'Amour, chantez sa flâme,
Chantez le maître de votre ame.

OMPHALE.

Faites retentir ce séjour
Des doux plaisirs qui vous enchantent.
Qui pourroit mieux chanter l'Amour
Que ceux qui le ressentent.

On danse.

CHŒUR.

Aimons tous, le tems nous presse,
L'aimable jeunesse ne revient jamais;
De ses Nœuds qu'Amour nous lie
Il fait de la vie,
Les plus doux attraits:
Qu'à ses coups nos cœurs s'exposent,
Le trouble qu'ils causent,
Vaut mieux que la paix.

On danse.

OMPHALE en ſacrifiant.

A me favoriſer que mon zèle t'engage;
Reçois ce vin ſacré, vois fumer cet encens,
Mais regarde encor plus la flâme que je ſens;
Je ne ſçaurois t'offrir un plus parfait hommage.

CHŒUR.

Que l'Amour range tout ſous ſes loix ſouveraines;
Qu'il lance ſes traits juſqu'aux Cieux;
Qu'il étende par tout ſes chaînes,
Qu'il enflamme à jamais les Mortels & les Dieux.

SCENE III.

OMPHALE, IPHIS, ET LES CHŒURS.

OMPHALE.

ON vient, c'eſt Iphis qui s'avance,
Mon hommage a touché les Dieux.

IPHIS.

Omphale, pardonnez ſi je m'offre à vos yeux,
Vous ne ſouffrirez pas long-tems de ma préſence.

OMPHALE.

Ceſſez cet injuſte diſcours,

Iphis, il n'eſt plus tems de feindre ;
Votre abſence eſt pour moi le ſeul malheur à craindre ;
Et mon unique bien eſt de vous voir toujours.

IPHIS.

Quel diſcours ! Juſtes Dieux ! Eſt-ce à moi qu'il s'adreſſe !

OMPHALE.

Connoiſſez enfin ma foibleſſe.

J'ai caché malgré moi mes feux juſqu'à ce jour,
C'eſt pour vous ſeul que je ſoupire :
Je ſens croître encor mon amour
Par le plaiſir de vous le dire.

IPHIS.

Quel eſt l'excès de mon bonheur,
Quel plaiſir enchante mon ame !
L'aveu de votre ardeur
Redouble encor ma flâme.

OMPHALE & IPHIS.

Ah ! Répétez cent fois un aveu ſi charmant.

IPHIS.

Vous ne pouviez aimer un plus fidel Amant.

OMPHALE.

OMPHALE.

Que l'Hymen de ses nœuds nous unisse lui-même :
Trompons les yeux d'Alcide ; & malgré ses efforts...

IPHIS.

En faisant mon bonheur, cachez-moi qu'il vous aime.

OMPHALE.

On vient, c'est lui ; que je crains ses transports !

SCENE DERNIERE.

OMPHALE, IPHIS, ALCIDE, ET LES CHŒURS.

ALCIDE.

Quels funestes apprêts ! Mon trouble s'en augmente,
La rage déchire mon cœur !
Punissons mon Rival, & sa perfide Amante ;
Qu'ils rencontrent la mort, la vengeance & l'horreur,
Au lieu du doux hymen qui flattoit leur attente :
De leur sang, de leurs cris repaissons ma fureur.

Où sont-ils ! Mais que vois-je ! Ah ! C'est vous, Inhumaine ;
Barbare, c'est trop m'outrager ?

OMPHALE.

Pardonnez à deux cœurs....

ALCIDE.

Vous attendiez, Cruelle,
Ce Mortel trop heureux qui vous a sçû toucher;
Mais sa mort... Ciel! Iphis, Eh! Que viens-tu cher-
cher?
Je le vois, l'amitié dans ce Temple t'appelle.
Tu venois m'immoler deux odieux Amans;
Ah! Reçois-en le prix dans mes embrassemens.

IPHIS.

Arrête.

ALCIDE,

Que fais-tu?

IPHIS.

Non, c'est trop me confondre.

ALCIDE.

Ciel! Que viens-tu de me répondre!

Iphis d'entre mes bras cherche à se dégager?
Il me fuit; le croirai-je, & n'est-ce point un songe?
Serois-tu ce Rival dont je dois me venger?
Ciel! Est-ce dans ton sang qu'il faut que je me plonge?

IPHIS.

Quand l'Amour m'a blessé, j'ignorois ton ardeur,
L'amitié qui nous lie, eut vaincu ma foiblesse,
Je ne puis même encor soutenir ta douleur.

Pardonne-moi ma flâme & sa tendresse ;
Je vais par mon trépas expier mon bonheur.

Il veut se tuer.

OMPHALE arrachant l'épée d'IPHIS.

Que faites vous, Iphis ?

ALCIDE.

Vous tremblez pour sa vie ?
Perfide, ce transport irrite mes fureurs
Vengeons ma tendresse trahie.
Mourez, Ingrats, mourez, partagez mes douleurs.
Que fais-je ? arrête, Alcide, arrête ;
Quoi ! Veux-tu devenir l'horreur de l'Univers,
Quel trouble ! Quels objets à mes yeux sont offerts,
Tremblez, la foudre est toute prête ;
Je crois voir Jupiter au milieu des éclairs....

On entend une Symphonie douce.

Je t'entends, Dieu puissant, j'allois céder au crime,
Ta voix vient dans mon cœur rappeller la vertu.
Hélas ! Faut-il calmer la fureur qui m'anime !
Quel sacrifice exige-tu ?
Dieu barbare, mon cœur en sera la victime.

A OMPHALE & à IPHIS.

C'en est trop, la raison vient enfin m'éclairer,
Elle éteint à la fois mon amour & ma haîne.

Allez, unissez-vous d'une éternelle chaîne,
Je ne veux plus vous séparer.
Aimez-vous, oubliez ma honte & votre peine,
Je ne vis plus que pour les réparer.

OMPHALE & IPHIS.

Quel triomphe! Quelle victoire!
Qu'il est beau de vaincre l'Amour:
Célébrons à jamais le jour
De nos plaisirs & de sa gloire.

CHŒURS.

Quel triomphe! Quelle victoire!
Qu'il est beau de vaincre l'Amour:
Célébrons à jamais le jour
De nos plaisirs & de sa gloire.

FIN.

APPROBATION.

J'Ai lû par ordre de Monseigneur le Chancelier, *une Réimpression de l'Opéra d'Omphale, Tragédie :* Et je n'ai rien trouvé qui doive en empêcher l'impression. A Versailles ce 19 Décembre 1751.

DEMONCRIF.

On trouvera le Privilége à la fin des Opéras.

www.ingramcontent.com/pod-product-compliance
Lightning Source LLC
LaVergne TN
LVHW010002230826
846092LV00002B/614

9782329672700